教會論基礎
Church Basics

認識
大使命

約拿單 · 李曼　主編
狄馬可　著

Understanding the Great Commission

Published by B&H Publishing Group
Nashville, Tennessee

認識大使命

叢書編輯：約拿單・李曼（Jonathan Leeman）
作者：狄馬可（Mark Dever）
翻譯：韋理惠
編輯：李茹君
ISBN：978-1-958708-29-3
電子書 ISBN：978-1-958708-30-9
除非特別說明，本書所有聖經引文均來自和合本聖經。

目錄

「教會論基礎」系列叢書

《認識大使命》，狄馬可

《認識洗禮》，鮑比·傑米森

《認識主餐》，鮑比·傑米森

《認識會眾的權柄》，約拿單·李曼

《認識教會紀律》，約拿單·李曼

《認識教會帶領》，狄馬可

「教會論基礎」系列叢書前言

基督徒的生活就是教會生活。這一來自聖經的基本信念將貫穿於「教會論基礎」系列叢書的每一本書中。

這個信念反過來也會影響每本書的作者如何來處理他所寫的主題。例如，《認識主餐》（*Understanding the Lord's Supper*）會表明主餐不是你和耶穌之間私人性的神秘行為。主餐是圍坐在家庭飯桌旁一起吃飯，你和基督及基督的百姓在其中彼此相交。《認識大使命》（*Understanding the Great Commission*）中寫到大使命不僅僅命令個人到萬邦中為耶穌作見證，而是給整個教會的命令並由整個教會來完成。《認識會眾的權柄》（*Understanding the Congregation's Authority*）中觀察到教會的權柄不只是在領袖身上，也在全體會眾身上。每個成員——包括你——都有自己需要負的責任。

每本書都是為普通教會成員而寫的，這點很重要。如果基督徒生活就是教會生活，那麼你作為一個已經受洗的信徒和教會成員，就有責任瞭解這些基本的主題。正如耶穌命令你要傳揚和保守他的福音信息一樣，他也命令你要激勵和保護他在福音裡的百姓，就是教會。這些書將解釋如何去做。

你就好像一位「基督福音事工公司」的股東。一個好股東該做什麼呢？他們研究自己的公司、研究市場，也研究競爭機制。他們希望自己的投資利益最大化。你作為基督徒，正是把你的整個生命投資在了福音中。那麼，本系列叢書就能幫助你為了神榮耀福音的目的，使你所在的地方教會在本身的健康和國度事工上的利益最大化。

你準備好開工了嗎？

約拿單· 李曼（Jonathan Leeman）

叢書編輯

第一章

大使命、你和地方教會

我可以這樣描述本書的目的：幫助你理解什麼是大使命，以及它對於你個人的基督徒生活有何意義。

聖經裡並沒有「大使命」這個詞，但長期以來基督徒一直用這個詞來描述主耶穌升天之前最後發出的榮耀命令。還記得嗎？經文是這樣的：

> 耶穌進前來，對他們說：「天上地下所有的權柄都賜給我了。所以，你們要去，使萬民作我的門徒，奉父、子、聖靈的名給他們施洗。凡我所吩咐你們的，都教訓他們遵守，我就常與你們同在，直到世界的末了。」（太 28:18-20）

在被釘十字架之前，耶穌在傳道時曾說過，他奉差遣不過是找回以色列家迷失的羊（參見太15:24）。但如今他復活以後，就作了全地的至高審判者。他帶着全能者的大權柄復活，正是《但以理書》7章提及的「人子」。耶穌不僅在以色列作王，也在萬國作王。天上地下**所有的**權柄都已歸於他。

在宣告了這一權柄之後，耶穌吩咐他的門徒去使萬民做門徒。從語法上講，在希臘原文中，「使人作門徒」是一個祈使動詞。修飾這一動詞的有三個分詞，所以英文聖經是這樣翻譯這些詞組的：

Going, **make disciples**, baptizing and teaching.

（去、**使人作門徒**、施洗和教訓。）①

第一個分詞「**going**」通常寫作「**go**」（去）。②這麼處理還算貼切，因為它是句子中出現的第一個詞，而且在「使人作門徒」之前。希臘讀者應該能明白，它是作者特別強調的詞。因此，我們可以把它寫作「**go**」。

倘若使萬民作門徒是透過人們「去」、「施洗」和「教訓」來完成的，那麼是誰差派他們去的呢？又由誰來施洗和教訓呢？這項事工主要是透過個人佈道和門訓來完成的嗎？還有其他方式嗎？

---

① 在英文聖經中，這一句只有 make disciples（「使萬民作我的門徒」）中用了 make的動詞原形作為中心語，而 make前後分別用了分詞形式的 going、baptizing和 teaching作修飾性狀語，譯者注。

② 「go」和「going」均為「去」的意思。這裡作者的意思是，經文從希臘文譯成英文時，把 go從修飾性的分詞形式改成了動詞原形，譯者注。

教會透過植堂來完成大使命

在閱讀有關大使命的書籍時，我發現它們通常都側重於福音佈道或宣教，強調的都是我們作為基督徒的個人事工。我也寫過一本類似的書，書名是《福音信息與個人佈道》（*The Gospel and Personal Evangelism*），希望你能讀一讀！的確，沒有個人性地分享福音和教導他人，大使命就無法實現。但是，某個基督徒手裡拿着機票和福音單張，就是成就大使命的全部方式嗎？還是說耶穌的話語還暗示了別的什麼？

這就將我們引到了描述本書目的的第二種方式：我希望能幫助你明白，大使命通常是透過地方教會的植堂和成長來完成的。而教會透過建更多的堂來完成大使命。因此，大使命既跟你個人有關，又**透過**地方教會與你發生關係。這就是神吩咐我們「去」、「使人作門徒」、「施洗」和「教訓」的普遍方式。

神給亞伯拉罕和我們的應許

你還記得在耶穌賜下大使命的幾百年前，神給以賽亞的彌賽亞應許嗎？神說：「你作我的僕人，使雅各眾支派復興，使以色列中得保全的歸回尚為小事；我還要使你作外邦

人的光，叫你施行我的救恩，直到地極。」（賽49:6）

《馬太福音》的第一節經文透過繼續向前追溯到亞伯拉罕，引用了這個賜給以賽亞的古老應許。這卷福音書將耶穌稱為「亞伯拉罕的後裔」，以此提醒我們神最初對亞伯拉罕的應許：「我必叫你成為大國」、「地上的萬族都要因你得福」（創12:2-3）。

換言之，聖經的見證是始終如一的：神一直都有一個計畫，要將他的救恩傳到地極，即達至所有的國家和人民。

在《馬太福音》的最後一節經文裡，我們看到十一個門徒都聚集起來，和耶穌一同站在一座山上，他們得知神賜給亞伯拉罕關於萬國祝福的應許將在這裡達到高潮：在這裡，神要實現對亞伯拉罕的應許，地上的萬族要蒙受祝福。**所有**門徒都有責任確保福音信息傳到**萬**國，而耶穌基督的**所有**門徒都蒙召遵守耶穌的**一切**命令。為了這一偉大的事業，耶穌應許門徒說，如今他已擁有天上地下所有的權柄，必常與他們同在，直到他再來。

這個應許是只給初代教會的使徒的嗎？不。耶穌知道，等到他再來時使徒們的生命早就結束了。

相反，耶穌應許他將與他們同在，直到世界的末了，由此我們知道，這應許也是給我們的。耶穌知道，即便初代信徒離世，他仍會在一代又一代的人身上繼續工作。所以我們也得到了基督同在的應許。

由此看來，這個使命是神賦予我們的！

什麼是教會？

這一使命不僅是給我們每個基督徒的，同時也是給我們整個教會和所有教會成員的。

那麼什麼是教會呢？教會是一個基督徒組成的群體，他們定期聚會、彼此相顧，正確地傳講神的道和施行洗禮與主餐。

讓我詳細解釋一下。首先，教會是一個正確宣講神話語的地方。畢竟，我們得救是從聽神的道而來。神藉着話語創造了他的子民：「可見信道是從聽道來的，聽道是從基督的話來的。」（羅10:17）這就好比世上所有人正在前行，忽然有人「道」出了神的應許，一群人抬起頭來，然後轉身，開始朝着應許的方向走去。他們聽見了，也信了。所傳的道就是教會的根基。

其次，教會是能正確施行聖禮的地方。畢竟，聖禮是教會的標誌。聖禮本身不能救我們，它們只是福音的象徵，是我們用來確認彼此屬乎福音的方式，是教會團契在彼此之間履行責任的途徑。（參見鮑比·傑米森【Bobby Jamieson】

為「教會論基礎」系列叢書撰寫的兩本著作：《認識洗禮》【*Understanding Baptism*】與《認識主餐》【*Understanding the Lord' s Supper*】。)

有時人們會說，教會是一群人，而不是一個地方。其實，教會必須得有一個地方：你需要一個信徒的聚會。然後你需要在這個聚會中傳講神的道、施行聖禮，使之成為教會而不是任何其他的基督徒聚會。神藉着他的道造了我們，使我們成為基督的子民，而聖禮則把我們從世人中分別出來。

現在再回頭想想大使命包含的四條命令：去、使人作門徒、施洗和教訓。這些都是由誰來做的呢？是誰差派那些走出去的基督徒使人作門徒呢？是地方教會。又是誰藉着給人施洗稱他們為門徒、又藉着教訓人幫助他們成長呢？也是地方教會。

地方教會是神賜給我們，用以完成大使命的正常途徑。這就是本書的主旨。

這本書是寫給你的嗎？

那麼，這本書的目標讀者是誰呢？它是為所有信徒寫的，尤其是信主不久的基督徒。在本書的前幾章中，我將帶你瀏覽聖經，並嘗試告訴你一些基本要素，以幫助你理解你的基督信仰與大使命和教會之間的關係。

書中的一些教導（特別是後面幾章中的）可能更適合教會領袖閱讀。然而，儘管教會領袖對於教會生活的規劃有更大的影響，但是從根本上來說，要理解耶穌「去」、「使萬民成為門徒」、「給人施洗」和「教訓人」命令之含義的卻是聖徒。耶穌把大使命賦予了我們所有人，也包括你。你也有份於耶穌的異象，對吧？

第二章

神的話語、神的子民

很多人聲稱自己愛神，甚至說自己與神有美好的關係。然而，那些人對於神的話語（也就是舊約和新約的六十六卷書）卻毫無興趣。假如我自稱很愛妻子，卻對她說的話毫無興趣，你覺得我妻子會怎麼說？

從一個人對神話語的渴慕程度，就可以看出這人愛神的程度。事實上，這就是神的子民和世人的區別：縱觀整本聖經，神的子民都圍繞着神的話語聚集，他們傾聽它、順服它、熱愛它（參見詩119）！

在上一章結尾，我把鏡頭對準了地方教會。我說過，地方教會就是一群人聚集起來正確宣講神的道、正確施行聖禮。

現在我再把鏡頭拉回來。當我們從頭至尾瀏覽整本聖經時會發現，全書的主旨是神透過他的道啟示他自己，而他這樣做的目的是呼召一群屬他的子民。

神的道

神希望自己被人認識，也希望有一群人來信靠他，這是舊約和新約的主旨。神賜給我們應許，也持守應許，因此我們要以信心來回應。

從第一章我們看到，正是神福音的道救贖並創造了神的子民。保羅說，這福音是「神的大能，要救一切相信的人」（羅1:16）。

所以神賜下了他的話語，同時也給人帶來了挑戰：你會相信神的話語並一生信靠神嗎？

這就是整本聖經提出的挑戰。神透過向亞當、挪亞、亞伯拉罕和摩西說話來啟示他自己。他還稱讚那些像亞伯拉罕一樣聽從、相信他話語（參見羅4）並據此行事的人。

我們也可以思考《箴言》中的智慧。神賜下智慧，持守真理，並邀請我們去相信、接受和踐行這道。那麼我們的回應是該像智慧之子還是像愚昧之子呢？

神把他的話語和應許賜給了我們，我們也要以信心來回應。在伊甸園裡，亞當和夏娃的回應是不信。但耶穌畢生都完全信靠神的話語和應許，哪怕在客西馬尼園他也依然如此。我們也可以透過聽從並相信神的話語開始與神建立關係。

這是成為基督徒的必要條件。聖經教導說，我們全都違背了神的話語，全然不顧他的誡命。而由於他是一位良善之神，因此他會降下刑罰。我們逃脱這刑罰的唯一盼望並不是改變自己的生活，因為這對我們已經犯下的罪過於事無補。必須要有一位救主和替代者願意為我們擔當神的刑罰，這就是主耶穌為我們成就的。他終其一生都完全信靠神的話語和引導。最終他被釘死在十字架上，為所有願意離棄罪惡並信靠他和他話語的人擔當了刑罰。

神的子民

問題是，神的意思是要把誰救出來歸於自己呢？神的意思僅僅是拯救單獨的個體嗎？不，他想拯救的是一個族群。

在聖經的開頭，神照着自己的形像單獨造了亞當。但是神還照這個模式——從聖經的頭幾章開始——創造出了一個族群。所以神不僅造了亞當，還造了亞當和夏娃。而亞當和夏娃在一起以及他們締造的家庭，都或多或少地體現出神的形像。

這一模式仍在繼續。挪亞和他的家人得救了；亞伯蘭和他的家族蒙召了；在整本舊約中以色列民被分別為聖。神不僅與個人同工，也與全體以色列民同工。

這種協作的模式意義相當重大。只有透過人與人之間的互動，神的一些屬性才能體現出來、為人所知。想想《加拉太書》5章描述的聖靈所結的果子：仁愛、喜樂、和平、忍耐、恩慈、良善、信實、溫柔、節制。假如讓你孤身一人生活在一座島上，這些屬性你能活出多少呢？也許有幾個？實際上，這些屬性只有在人與人之間的互動中才能體現出來。

最重要的是，神的子民與世人的區別在於，神的子民聽從神的聲音、圍繞着神的話語聚集。挪亞聽從了神的命令建造了方舟；亞伯拉罕聽從了神的話語，跟隨着神前往新的地界；以色列的子民因順服了聖經中神所說的十句話（即十誡），便從萬民中分別出來。

同樣的故事也出現在新約中。在接下來的內容中，我們將查考福音書和使徒書信。現在，我們先跳到聖經的結尾《啟示錄》。在那裡，我們發現《馬太福音》28章在偉大的天國式教會中得到了應驗。如果你是基督徒，總有一天你將站在這個使徒約翰曾略微瞥見的天國聚會中：

> 此後，我觀看，見有許多的人，沒有人能數過來，是從各國、各族、各民、各方來的，站在寶座和羔羊面前，身穿白衣，手拿棕樹枝，大聲喊着說：「願救恩歸與坐在寶座上我們的神，也歸與羔羊。」（啟7:9–10）

在這裡我們看到，有來自世界各地的眾多民眾為神永遠的信實作見證。這些都是相信神話語的人，有的人還曾「為神的道」受逼迫（啟6:9，20:4）。而耶穌自己也被稱為「神之道」（參見啟19:13）。這個聚會就是我們的歸宿！大使命**終將**成就，真是太好了！

神將擁有一個以他為真神、認識並頌讚他的共同體。這就是聖經的全貌。這幅圖景以神藉着話語啟示他自己開始，以一群認識他、信靠他、讚美他的子民結束。

再談教會和大使命

假如現在我們把鏡頭從整本聖經拉回到地方教會，會有什麼發現呢？這個問題將帶我們進入接下來的章節。但請記住我們對教會的定義：教會是一群人的聚會，她以這些人對神話語的共同信仰為根基。她是對《啟示錄》中那個偉大聚會的一種展示或預像。沒有哪個地方聚會能像那末後的聚會那樣以各國、各族、各民、各方為特徵。但地方聚會已經邁出了第一步，我們在其中看到了初熟的果子。冬天已經過去，枝頭已開始抽吐春芽。讓我們翹首以盼吧！

此外，大使命要求我們向列國宣講神的道並召集神的子民。它還要求我們去使萬民**作門徒**，讓他們也能相信神並參與進來。

第三章

天國的愛、天國的真理和天國的子民

我在華盛頓特區當了二十多年的牧師。這期間經歷了太多的選舉周期了！自從我上任以來，已看到不少將軍、記者、參議員和國會山工作人員來來去去。

經常會有帶着宏偉願景的年輕人出現在這裡，他們對自己所能做出的改變抱有極大的幻想。從政的基督徒應該為了美好的改變而戰，這是愛鄰舍的一種方式。但問題是，當人們試圖利用國家機器——刀劍的力量——將天國帶到人間時，麻煩就來了。如果說老一輩的人對於政治更多的是憤世嫉俗，那麼年輕一代的人中更常見的誘惑則是烏托邦主義（utopianism）。烏托邦主義是歷史上一些最大暴行的根源，除此之外，它還從根本上歪曲了神對於人類歷史的計畫。新約中沒有一處教導我們說，神國降臨以及他的旨意行在地上如同行在天上，要寄希望於總統或首相的工作。

但地上有一個地方我們可以找到天國初熟的果子。還記得我在第二章的結論嗎？我說過，地方教會是《啟示錄》中那個盛大聚會的一種展示。在這裡，我們初次瞥見了天國春天的花蕊。

在前一章中，我們從舊約直接跳到了《啟示錄》中由各國、各族、各方的信徒組成的榮耀聚會，完全跳過了福音書、《使徒行傳》和使徒書信。現在該解決這個問題了。

讓我們從耶穌開始說起。耶穌是如何看待教會的呢？耶穌呼召教會去做什麼、呼召教會成為什麼樣子呢？耶穌全心全意地愛着教會。正如他在地上代表天國一樣，他也呼召教會做同樣的事。

耶穌對教會的愛

耶穌愛教會，就愛他們到底。這是《約翰福音》中耶穌給門徒洗腳前作者約翰所寫下的話，而洗腳則象徵着耶穌將藉着自己的死成就更為長久的潔淨：「他既然愛世間屬自己的人，就愛他們到底。」（約13:1）

耶穌用自己的血買來了教會（徒20:28）。

耶穌建造了教會（太16:18）。

耶穌以激勵和警告的方式對眾教會說話，指示他們，並表達他對教會的愛（啟2-3）。

事實上，耶穌愛教會為丈夫愛妻子提供了榜樣。保羅說：

> 你們作丈夫的，要愛你們的妻子，正如基督愛教會，為教會捨己。要用水藉着道把教會洗淨，成為聖潔，可以獻給自己，作個榮耀的教會，毫無玷污、皺紋等類的病，乃是聖潔沒有瑕疵的。丈夫也當照樣愛妻子，如同愛自己的身子，愛妻子便是愛自己了。從來沒有人恨惡自己的身子，總是保養顧惜，正像基督待教會一樣，因我們是他身上的肢體。為這個緣故，人要離開父母，與妻子連合，二人成為一體。這是極大的奧祕，但我是指着基督和教會說的。然而你們各人都當愛妻子，如同愛自己一樣；妻子也當敬重她的丈夫。(弗 5:25-33)

基督為教會捨己，為使教會成為聖潔。他籍着道把教會洗淨。他保養顧惜教會，愛教會如同愛自己的身子。

彰顯天國的愛

耶穌對教會的愛如此深切，以至於他要將教會與自己連繫起來。此外，這也意味着我們在教會中應該彼此相愛，就像耶穌愛我們一樣。耶穌說：「我賜給你們一條新命令，乃是叫你們彼此相愛；我怎樣愛你們，你們也要怎樣相愛。

你們若有彼此相愛的心，眾人因此就認出你們是我的門徒了。」（約13:34–35）教會彰顯了天國的愛。這種彼此相愛是基督的門徒所獨有的。透過她，萬國就知道我們是屬基督的。

但我們不只應該愛其他基督徒。我們還透過對教會外之人的愛體現出神對世人的愛。耶穌將愛鄰舍與愛神連繫了起來。當文士問：「誡命中哪是第一要緊的呢？」耶穌回答說：「你要盡心、盡性、盡意、盡力愛主你的神；其次就是說：『要愛人如己。』」（可12:28-31）愛神的要求必然會帶來一個橫向關係的結果。你可以有非常豐富的靈修時光，但如果這不能轉化為你對待他人的方式，那麼就有問題了。基督徒向神表達愛的正常、自然的方式不只是唱讚美詩，儘管這些很美好，它還包括捨己愛人。

教會應該成為這種愛之活動發生的中心。她是天國之愛顯現的地方，首先是基督透過福音宣告對我們的愛，其次是我們既愛教會成員，也愛教會以外的人。

確認天國的真理和天國的子民

既然耶穌想把信徒和他自己連繫起來，而且他希望他們之間的彼此相愛能顯明他對他們的愛，那麼他想用自己的名將他們標記出來也就不足為奇了。耶穌希望他們被公開確認為屬他的。

這就是為什麼耶穌在大使命中吩咐所有的門徒都要奉父、子、聖靈的名受洗，也是為什麼《使徒行傳》一再提到要奉耶穌的名受洗。這就好比基督要我們戴上寫有他名字的名牌！他想讓萬民把我們和他連繫起來。

不要忘了，他可是擁有天上地下所有權柄的那一位。當門徒聽到耶穌說出這番話時，不知會作何感想！我們要與擁有至高權柄的那一位同名嗎？

重要的是，不要像基督徒通常所做的那樣，孤立地閱讀這條關於受洗的命令，而應該結合《馬太福音》16和18章來讀。在這兩章中，耶穌已經將責任和權柄先賜給使徒，然後賜給地方教會。誰有權柄給人施洗並確認其屬於基督呢？一般情況下是教會。

在《馬太福音》16章16節，彼得承認耶穌是基督、是永生神的兒子。耶穌回答他道：

> 西門巴約拿，你是有福的！因為這不是屬血肉的指示你的，乃是我在天上的父指示的。我還告訴你：你是彼得，我要把我的教會建造在這磐石上，陰間的權柄不能勝過他。我要把天國的鑰匙給你，

> 凡你在地上所捆綁的，在天上也要捆綁；凡你在地上所釋放的，在天上也要釋放。(太 16:17–19)

耶穌代表天父確認了彼得和他的回答。接着他賜給彼得天國的鑰匙，讓彼得也進行類似的確認工作。彼得和使徒們將運用天國的權柄來確認對福音的信仰內容和福音認信者，正如耶穌對彼得所做的那樣。

更值得注意的是，第18章說到，耶穌將同樣的權柄賜給了地方教會。如果一個人自稱是基督徒，卻因不悔改的罪而屢受責備，那麼耶穌總結說，教會應該評估這人的情況，如果他仍然不悔改，就把他當作外邦人一樣看待：

> 若是不聽教會，就看他像外邦人和稅吏一樣。我實在告訴你們：凡你們在地上所捆綁的，在天上也要捆綁；凡你們在地上所釋放的，在天上也要釋放。(太 18:17-18)

教會之所以有權柄把他當作不信的人來對待，是因為她擁有捆綁和釋放的鑰匙。這把鑰匙可以用來確認真正的信仰內容和福音認信者，也可以用來否定虛假的信仰內容和認信者。

為什麼我會說地方教會通常擁有給人施洗的權柄？因為《馬太福音》16和18章告訴我們，地方教會握有基督所賜的鑰匙。教會有確認或辨別正確的信仰內容和認信者的權柄，就像耶穌對彼得所做的那樣；同時教會也有否定的權柄，正如耶穌在執行教會紀律的實例中所指示的那樣。他在18章的末尾解釋說：「因為無論在哪裡，有兩三個人奉我的名聚會，那裡就有我在他們中間。」（20節）誰有權柄奉耶穌的名施洗？是那些奉他的名聚會的人。第18章說，耶穌就在他們中間；第28章說，耶穌將常與聖徒同在，直到世界的末了。（有關這些章節和天國鑰匙的更多信息，請參閱約拿單·李曼為「教會論基礎」系列叢書所著的《認識會眾的權柄》（*Understanding the Congregation's Authority*）。

綜上所述，教會有確認天國真理和天國子民的權柄，正如她應當展現出天國的愛一樣。

神定意植堂

基督愛教會。耶穌升天的時候，就差聖靈來賜下各樣的恩賜，用以建造教會。父、子和聖靈都專注於教會，因此他們定意要植堂。

從根本上來說，教會並不是出於人的想法，也不是人手所造的。教會是出於神的心意，是他的工作。從某種意義上說，神就是最偉大的植堂者！因為他命令門徒奉他的名聚會、奉他的名施洗、奉他的名教訓人。

因此，當你加入教會時，你不必擔心她能否最終發揮作用。基督已應許過，陰間的權柄不能勝過教會。他還應許，在他再臨時他將有自己的見證人。

第四章

傳揚福音和建立教會

如果沒有基督徒的團契生活，耶穌是不是想讓教會像汽機車監理所（the Department of Motor Vehicles，DMV）那樣運作呢？

監理所給你頒發了駕照後，你就可以開車去任何你想去的地方。他們告訴了你責任，然後一切就只能靠你自己了。有駕照的人不用每週聚會，不需要知道其他駕照持有者的名字，也不需要互相關心，更不需要為了確保你對汽車安全的瞭解日漸加深而設立「駕照牧師」或「駕照領袖」。

奇怪的是，這就是一些基督徒對耶穌給的大使命的理解：「去、使人作門徒、施洗和教訓」不知怎麼的就變成了「使人歸信、給他們頒發『受洗證』，然後讓他們走」！當然，人們也許應該時不時回教會看看，好像每隔幾年要更換一次駕照一樣。而且他們應該堅持閱讀和學習聖經。但現在這一切都要靠他們自己了。

對於把「大使命」看成是監理所的運作模式，我們有很多話要說。首先，它忽略了使徒們在耶穌升天後實際所做的工作；第二，它忽略了大使命關於「教訓」的內容；第三，它忽略了大使命關於「遵守」的內容。現在，你應該知道本章和下兩章的計畫了吧？

福音傳到哪裡，哪裡就有教會

使徒們完成大使命的主要方式只是個人佈道和門訓嗎？當然，「使人作門徒」的命令肯定包括傳講福音的信息。但使徒們是如何傳的呢？

想想《使徒行傳》中福音廣傳的故事。事實證明，福音廣傳的故事就是教會拓展的故事。這一切都是從《使徒行傳》開始，然後向外延伸：福音傳到哪裡，哪裡就有教會出現。

- 在第2章，彼得宣講了悔改和赦罪的信息。「於是，領受他話的人就受了洗。那一天，門徒約添了三千人。」（41節）注意，新門徒被「添」進了某個東西。那是什麼呢？是耶路撒冷的教會（參見5:11，8:1）。
- 從第11章我們知道，那些在耶路撒冷遭逼迫而四散的門徒都往安提阿去「傳講主耶穌」（20節），並且「信而歸主的人就很多了」（21節）。隨後耶路撒冷的教會打發巴拿巴去安提阿為植堂提供幫助。因此，有更多的門徒「歸服了主」（24節）。後來，巴拿巴招募了保羅，於是「他們足有一年的工夫和教會一同聚集，教訓了許多人」（26節）。

- 在第14章，保羅和巴拿巴到了以哥念，「在那裡講的，叫猶太人和希臘人信的很多」（1節）。然後他們去了路司得，「在那裡傳福音」（7節）。經文沒有提到「因此他們建立了教會」，但事實上他們就是這麼做的。半章之後，保羅和巴拿巴「就回路司得、以哥念、安提阿去」（21節），這一次「二人在各教會中選立了長老」（23節）。信徒都聚集在教會中。
- 在第 18 章，有許多人聽了就相信並受洗，於是建立了哥林多教會（8 節）。
- 在第 19 章，保羅在以弗所傳道，有許多人歸信。同樣的，經文沒有明確說到「他們建立了教會」，但當我們讀到第 20 章時，我們知道他確實做了這事：保羅「打發人往以弗所去，請教會的長老來」(17 節)。
- 《使徒行傳》的結尾是保羅在羅馬傳道。由此我們得知，最終羅馬肯定有一個（或多個）教會，而保羅給羅馬人的書信也證實了這一點（參見羅 1:7、16:5)。

使徒們做了什麼？他們佈道並建立教會。因此，在神的大使命計畫中，教會處於核心地位。

教會的突出地位

也許你從未以這樣的角度讀過《使徒行傳》，也許你看到的只是個人的英雄事蹟和信仰實踐。但是，請再讀一遍《使徒行傳》，注意地方教會有着何等突出的地位（下文用粗體字強調）。是誰差派了使徒和其他代表出去？是地方教會。

- 「這風聲傳到耶路撒冷教會人的耳中，**他們就打發**巴拿巴出去，走到安提阿為止。」(11:22)
- 「於是**教會送他們起行**……」(15:3)

這些代表回來後向誰報告？是地方教會。

- 「到了那裡，**聚集了會眾**，就述說神藉他們所行的一切事，並神怎樣為外邦人開了信道的門。」(14:27, 16:4-5)
- 「到了耶路撒冷，**教會**和使徒並長老都**接待他們**……」(15:4)

做決定的是誰？是地方教會。

- 「**大眾**都喜悅這話，就揀選了……」(6:5)
- 「那時，使徒和長老**並全教會定意從他們中間揀選人**，

差他們……往安提阿去。」（15:22）

神做了什麼？他賜給地方教會長老。

- 「二人**在各教會中選立了長老**，又禁食禱告，就把他們交託所信的主。」（14:23）
- 「聖靈立**你們作全羣的監督**，你們就當為自己謹慎，也為全羣謹慎，牧養神的教會……」（20:28）

整卷《使徒行傳》不僅圍繞着個人佈道和門訓，還包括在地方教會背景下的佈道和門訓。因此，福音廣傳的故事就是地方教會發展的故事。

不僅僅是《使徒行傳》

當然了，教會不僅在《使徒行傳》中扮演着重要的角色，在整個新約中她都發揮着主導作用。新約的大部分書信都是寫給教會的：「寫信給在哥林多神的教會」（林前 1:2）；「寫信給加拉太的各教會」（加 1:2）；「寫信給凡住腓立比、在基督耶穌裡的眾聖徒和諸位監督、諸位執事」（腓 1:1）；「寫信給帖撒羅尼迦……的教會」（帖前 1:1）。

眾教會彼此問安和感謝：「不但我感謝他們，就是外邦的眾教會也感謝他們」(羅 16:4)；「基督的眾教會都問你們安」(羅 16:16)；「亞西亞的眾教會問你們安」(林前 16:19)。

使徒把基督徒的聚會當作教會，也吩咐他們這樣行，為要教導人、領受主餐和互相勉勵：

- 「……在各處各教會中怎樣教導人。」(林前 4:17，7:17)
- 「我聽說，你們聚會的時候彼此分門別類……所以我弟兄們，你們聚會吃的時候，要彼此等待。」(林前 11:18、33)
- 「你們念了這書信，便交給老底嘉的教會，叫他們也念，你們也要念從老底嘉來的書信。」（西4:16）
- 「又要彼此相顧，激發愛心，勉勵行善。你們不可停止聚會，好像那些停止慣了的人，倒要彼此勸勉。既知道那日子臨近，就更當如此。」(來 10:24-25)

眾教會彼此相顧：

- 「(提多) 也被眾教會挑選和我們同行，把所託與我們的這捐資送到了。」(林後 8:19)
- 「論到為聖徒捐錢，我從前怎樣吩咐加拉太的眾教會，你們也當怎樣行。每逢七日的第一日，各人要照自己的進項抽出來留着……及至我來到了，你們寫信舉薦誰，我就打發他們，把你們的捐資送到耶路撒冷去。」（林前 16:1-3）

教會差遣宣教士和致力於植堂的工作：

- 「論到那兩位兄弟，他們是眾教會的使者。」（林後8:23）
- 「離了馬其頓的時候，論到授受的事，除了你們以外，並沒有別的教會供給我。」（腓 4:15）
- 「他們在教會面前證明了你的愛。你若配得過神，幫助他們往前行，這就好了；因他們是為主的名出外，對於外邦人一無所取。所以我們應該接待這樣的人，叫我們與他們一同為真理作工。」（約叁 6-8）

保羅把他對基督徒的關懷形容為「為眾教會掛心的事」（林後 11:28）。新約注釋學者彼得· 奧布萊恩（Peter O' Brien）指出，保羅「曾立了志向，不在基督的名被稱過的地方傳福音，免得建造在別人的根基上……這一證據表明，拓荒宣教是他宣教使命的一部分。」但保羅的使命不僅限於此。奧布萊恩繼續說道：「保羅指示基督徒後，並離開這個成熟和穩定的教會，至此他的工作才算完成。」[1]

宣教士的工作：從傳福音到植堂

我還可以舉出很多例子。關鍵在於，在新約中基督徒的生活就是教會生活。我們做基督的門徒是在教會裡發生的，也是藉着教會發生的。

也就是説，直到新信徒在地方教會中安頓下來，宣教任務才算結束。對保羅有關基督徒基本使命的理解，奧布萊恩的總結極為精彩：

> 保羅不僅宣講福音，在神的帶領下叫男男女女歸信了基督，他還建立了教會，作為他宣教工作必不可少的一部分。歸信基督意味着要與主聯合，從而成為一個基督徒群體的成員……顯然，保羅認為，植堂是「他宣教工作中的一個重要組成部分」。[2]

今天的基督徒甚至是教會領袖，可能會把地方教會當成

---

① P. T. O'Brien, *Consumed by Passion* (Lancer, 1993), 45.

② P. T. O'Brien, *Consumed by Passion* (Lancer, 1993), 42.

是監理所的辦公室。他們可能會把大使命解讀成：「給他們發許可證，讓他們走！」但使徒們卻不是這樣看待自己的工作的。他們傳講福音，建立教會。早期的教會也是如此。

第五章

以督責的方式教訓人

地方教會不是透過洗禮頒發證照的監理所，這是上一章的要點。然而，就像我們不想要「監理所版」的大使命一樣，我們也不想要「諮詢台版」的大使命。因為地方教會也不是諮詢台！

這話也許聽起來挺傻，沒有人會把教會説成是一個諮詢台。但許多基督徒確實把教會當成是講道站。他們只在主日到場，接收了講道信息，然後在一周的其他時間裡更好地了解信息，但很少與教會的其他肢體或牧師聯繫。這就是諮詢台的運作方式。你走到前台，提出問題，離開時會瞭解更多的信息。但你離開後和前台的人卻沒有任何關係。他們已經履行了自己的職責，現在你可以繼續忙自己的事了。

毫無疑問，大使命規定教會必須教訓人。還記得它是怎麼説的嗎？去、使人作門徒……**教訓人**。而這正是我現在要談論的。但請注意大使命是如何把「給人施洗」和「教訓人」結合起來的：去、使人作門徒、**施洗和教訓**。這裡的經文假設，我們是在彼此負責、監督和正確施行聖禮的背景下教訓人的。

從《馬太福音》我們可以看出這一點。在新約的其餘內容也一樣。

簡要回顧《馬太福音》

回顧一下我們之前對《馬太福音》的討論。在 28 章，耶穌吩咐門徒奉父、子和聖靈的名給新門徒施洗。這些人都宣稱自己相信耶穌是為罪而死、又復活了的彌賽亞。

但是，假如有人光說不練該怎麼辦呢？比如有人自稱相信基督，卻不為自己的罪悔改？耶穌在《馬太福音》18 章為我們解答了這個問題。有至少兩三個人奉耶穌之名聚集的教會，應該行使鑰匙的權柄，除去這人的教會成員身分。

現在我們來看《馬太福音》28 章。當耶穌吩咐門徒去教訓人時，他指的會不會是諮詢台之類的東西？甚至是神學院的小教堂佈道呢？不！這些門徒都要接受洗禮和教訓。教會會發給他們一個耶穌的名牌，但她也會密切關注每個信徒，確保他們不會陷入《馬太福音》18 章所說的境地。

這裡隱含的教導是，新信徒通常要先受洗成為教會成員，在那裡接受教訓。不過也存在例外的情況，你可能會想到《使徒行傳》8章中的腓利和衣索比亞太監。但《使徒行傳》2章中的情形才是常態。彼得宣講了福音之後，他的聽眾覺得扎心，就問道他們當怎樣做才能得救（37節）。彼得回答說要悔改和受洗（38節）。接着作者路加說：「於是，領受他話的人就受了洗。那一天，門徒約添了三千人。」（41節）人們受洗成為耶路撒冷教會的成員，在那裡接受教導要「恆心遵守使徒的教訓……」（42節）

牧者：教訓＋監督

新約其餘部分談論教訓人的方式強化了一個觀點，即大使命關於教訓人的命令有對教會植堂的構想。這一點可以從教會有牧者來教訓人的事實看出來。他們不設大會講員、不設 Podcast 佈道者、不設諮詢台服務員。他們設立的是牧者，他們既教訓人，又監督人。

牧者看守羊群（參見徒 20:28-31；彼前 5:1-5；提後 4:2），引導羊群（帖前 5:12），牧養並裝備羊群（參見約 21:15-17；弗 4:11-16），持守福音（參見林前 15:1-3；提前 1:18-19）。

保羅對以弗所長老的叮囑很好地說明了這一點。他說：「神的旨意，我並沒有一樣避諱不傳給你們的。」接着他又勸勉他們：「聖靈立你們作全羣的監督，你們就當為自己謹慎，也為全羣謹慎，牧養神的教會。」（徒 20:27-28）長老必須直接教導聖經，這一點至關重要。因此保羅宣講了神的整個計畫。而這件事大會講員、Podcast 佈道者或者站在諮詢台的服務員也可以做。但保羅的意思是，牧者的工作要更個人化、更深入，並建立問責機制。這些長老應該教導聖經，但在這樣做的同時也當守護和牧養聖靈賜給他們的特定羊群。

神希望基督徒並不是靠自己生活，因此他賜給我們牧者。牧者不僅僅是「教師」，他也是監督者，這是有道理的！歸信的羊不應該獨自在外遊蕩。我們生活在一個墮落的、豺狼橫行的世界裡（參見徒 20:29-30）。一隻羊必須融入羊群，才能得到牧者的保護。若羊形單影隻，對豺狼視而不見，那真是又自負又愚蠢！

教會成員：對彼此說誠實話

羊有責任互相照顧和彼此教導，這也強化了一種觀點，即教訓人應當主要發生在地方教會及其問責制的背景下。全體會眾都應致力於使彼此成聖和保護彼此。耶穌教導一位成員說，當有人得罪他時，他應當坦誠地指出來（參見太18:15）。保羅勸勉說：「把基督的道理豐豐富富地存在心裡……彼此教導，互相勸戒……」（西3:16）他又在其他地方指示說：「各人與鄰舍說實話，因為我們是互相為肢體。」（弗4:25），並且我們只應該「隨事說造就人的好話，叫聽見的人得益處」（29節）。羊要彼此牧養（參見林前12、14），也要在教會中幫助持守福音（參見加1:6–9；反面的例子參見提後4:3）。

沒有一隻羊能完全地明辨是非，我們都需要彼此。這就是為什麼需要建立教會的原因，忠心的長老和會眾一同致力於持守福音。一盤散沙、除了自己以外對誰都不負責任的基督徒如何能持守福音呢？教會是真理的柱石和根基（參見提前 3:15）。

第六章

成員制與自覺的委身

如果你要加入我所牧養的教會，那麼你需要接受我或另一位牧師的成員面談。一開始我會問一些基本的問題，比如你的住址、職業、是否有配偶和孩子等。但很快我就會問到你是如何成為基督徒的。最後，我會要求你在六十秒內解釋一下何為福音。

在此，我希望你能對福音中關於神、人、基督的說法以及人對福音的必要回應有一個基本的認識。神是良善的，他創造了原本良善的我們。然而，我們卻犯罪得罪了神，招致了他的義怒。因此，基督來了，他活出了我們本應活出的完全生命，卻以羞辱的方式死去，而這原本是我們應受的。他獨自擔當了神對罪的刑罰，成為贖罪祭，然後復活，勝過了罪和死亡，救贖了一切悔改和相信他的人。

如果你遺漏了什麼，我就會問一兩個問題幫你弄明白。比如有時候，人們提到耶穌為了赦罪死在十字架上，但是卻忘記了他已復活！這時，我會提一個簡單的問題幫助他們澄清：「他還在墳墓裡嗎？」「不！」

更多的時候，人們對悔改隻字不提。所以我可能會這樣問：「假設你有一個朋友自稱是基督徒，但他卻和女友同居，對此你怎麼看？」我希望他們回答說，一個人若依然活在不悔改的罪中，就不該稱自己是基督徒。

耶穌要的是門徒，而不僅僅是歸信的決定。他想要的是那些用聖經的教導來塑造和改變自己生命的人。

再來看看《馬太福音》28 章的最後一條命令：去、使人作門徒、給人施洗以及「凡我所吩咐你們的，都教訓他們」。那條命令是這麼說的嗎？不。耶穌在《馬太福音》中給門徒的最後一條命令是：「凡我所吩咐你們的，都教訓他們**遵守**。」（20 節）

大使命要求教會不僅要把耶穌的吩咐教訓給人們，還要教訓他們去遵守。這意味着成為門徒或基督徒。不是門徒的人算得上真正的基督徒嗎？不算。

為了使人作門徒而不是一次性決策者，使徒透過植堂來傳福音，並在新建的教會中培養門徒。關於這一點，我已經講了好幾章了。植堂的意義在於，成為門徒包括做出一系列自覺的承諾，從而遵守聖經的教導。

這就把我們帶到了教會成員制的話題了。

成員制三角關係圖

我經常用一個三角關係圖來解釋合乎聖經的教會成員制。三角形的三個點分別代表你（單個基督徒）、全體會眾以及牧師或長老。三角形任意兩點之間帶箭頭的線表示新約中數不清的命令、義務和責任。假如沒有我們所説的教會成員制，很難想像一個人能完成這種種的命令。

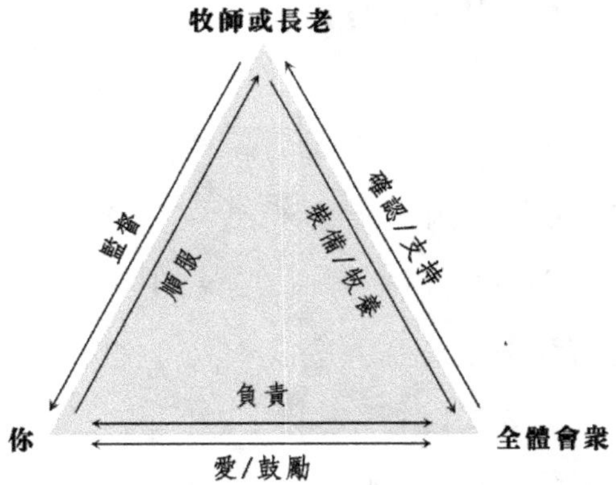

我們從牧師開始説起。《希伯來書》13 章 17 節形容牧師是「為你們的靈魂時刻警醒，好像那將來交賬的人」。因此，牧師將來是要向神交賬的。但他們為誰交賬呢？是全世界的基督徒嗎？當然不是。是全城的基督徒嗎？也不是。確切地説，牧師是為自己教會的成員交賬（參見雅 3:1）。這意味着，牧師既要為教會中的個別成員交賬（參見來 13:17），也要為全體會眾交賬（參見徒 20:28；弗 4:11；彼前 5:2-3）。牧師對於我個人負責，也要對全體會眾負責。一位忠心的牧師會兩者兼顧。

如果我們在三角形的另一個點觀察其餘兩個點，也是一樣的道理。我個人有責任順服特定的牧師，接受特定牧師的監督，而不是全世界的牧師（參見帖前 5:12-13；來 13:7、17）。我有責任愛護和鼓勵特定的基督徒會眾（參見太 18:15-17；羅 14:19；林後 2:6；來 10:22-25；約壹 1:3-4；比較約 13:34-35）。

最後我們來到第三個點，一群特定的會眾有責任確認並支持特定的牧師（例如，羅 10:15，15:30；林前 9:14；加 6:6；腓 2:29；帖前 5:12-13；提前 4:3，5:17-20；比較太 10:10）。他們也有責任來愛護和鼓勵我個人（例如，太 18:17；林前 5:12）。

這些義務中的每一個你都能從新約中找到。你可以在這個週末花一下午的時間通讀《使徒行傳》，試着填寫這個三角形圖！

自覺的委身

更重要的是，假如你沒有自覺委身教會成為其成員，就不可能完成新約中這諸多的命令（參見腓 2:8；羅 12:3、16）。

新約要求基督徒彼此相愛（參見林前 14:1；約 13:34-35），自己省察也彼此省察（參見啟 3:17；林後 13:5；加 5:19-23；約壹 3:14，4:1-3、20-21），順服領袖（參見帖前 5:12-13；來 13:7、17；彼前 5:5）。所有這一切不僅發生在你和朋友之間的一系列關係中——即使是異教徒也有朋友——而且也發生在地方教會中。自覺委身教會成為成員對於合乎聖經的門徒訓練是必不可少的，它為我們的門訓提供了具體的形式。

因此，要想完成大使命，通常我們就必須以這樣或那樣的方式投身於植堂的工作。培養一批自覺委身教會的會眾，是我們使人作門徒、教訓人遵守耶穌吩咐的重要途徑。

使命及聖禮

大使命中是否有這種自覺委身的設想呢？有的，再說一遍，它要求人藉着洗禮來達到對教會的自覺委身。

在受洗的那一刻發生了什麼呢？兩個人必須達成一致：他們認信的是同一位基督，並且身上都戴着耶穌的名牌。注意，這裡隱含着對彼此的確認。當我們委身基督時，我們也彼此委身，就好比一對夫妻的兩個孩子承認他們是兄弟姐妹一樣。

主餐以可見的方式延續着這種對彼此的確認。藉着杯與餅，我們同領基督的寶血與身體（參見林前 10:16）。保羅說：「我們雖多，仍是一個餅、一個身體，因為我們都是分受這一個餅。」（林前 10:17）因此，我們切不可「隨便吃喝，忘記了這是主的身體」（11:29，當代譯本）。

這些聖禮是個人的神秘經歷嗎？不是，它們是主賜給我們的，讓我們自覺地委身於他，也委身彼此。

完成大使命的方式不僅僅是個人佈道和宣教，還包括透過植堂建立教會，人們在其中透過洗禮和主餐成為教會成員，從而委身基督，也委身彼此。

第七章

專注於大使命的教會有四種做法

專注於大使命的教會不會像監理所那樣運作，也不會變成諮詢台。這是我們在前幾章得出的結論。現在我還要補充一點：專注於大使命的教會也不會像職業運動隊那樣行事。

平心而論，我對體育所知甚少，因此常常遭到教會同工的取笑。但我知道，每一支運動隊的目標都是贏得冠軍。因此，他們都會盡量招募最優秀的運動員、建造最好的訓練設施、優化教練隊伍，這一切都是為了贏取聯賽的最高獎項。當然，一支運動隊會為其他團隊的存在而感到高興。畢竟沒有對手，聯賽就無從談起。但它的主要目標還是擊敗其他運動隊。

現在，我懷疑（如果有的話）有相當多的教會明顯帶有這樣的心態：「我們必須打敗其他教會！」我先問幾個診斷問題，來檢查一下教會是否有「我們的團隊最棒」的心態：

- 你是否樂意把最優秀的成員送給其他教會？
- 如果你禱告求神復興教會，之後街上的另一個教會復興了，你會為她高興嗎？（感謝安迪·約翰遜提出的這個好問題！）

- 你是否會定期為街邊的教會以及你所在城市的其他教會禱告？
- 你是否會拿出一部分預算在你所處的城市、在國內和國外復興現有教會或建立新教會？

福音派教會之間通常存在着一種奇怪的競爭。但是一個專注於大使命的教會不會與其他傳福音的教會競爭，因為她知道，所有傳福音的教會**都歸屬同一支隊伍**。

專注於大使命的教會 = 專注於植堂的教會

更廣泛的觀點是：專注於大使命的教會是一個傳福音、使人作門徒的教會，但同時她也是一個專注於植堂和教會復興的教會。她希望看到神的國透過自己的事工發展壯大，也希望看到神國透過其他教會延伸到自己的事工範圍之外。

因此，專注於大使命的教會樂於在教會外推動大量的佈道活動，從而吸引非基督徒到教會來；同時她還致力於植堂和扶持其他地方教會。她不滿足於自身的健康，而是希望看到更多健康的、信仰聖經的、宣講福音的會眾。

這樣的教會會鼓勵其他福音派教會進行植堂，即使她們只相隔好幾個街區。她會提名為其他教會禱告，也樂於差遣優秀的同工去幫助其他教會。她還致力於在地球的另一端植堂或建堂。

專注於大使命的教會會一邊做工，一邊禱告求神興起合格的弟兄當長老，然後慷慨地差派他們出去。

專注於大使命的教會會努力調整預算，優先考慮大使命的需要。她將一部分錢用於當地的事工，將另一部分錢用於支持或遠或近的其他事工。

無論在哪裡，她都努力挽救垂死的教會。

專注於大使命的教會會以各種公開或私下的方式，攜手其他致力於福音事工的教會，在自己的教會成員中培養這種團隊意識。教會成員和領袖看到一個新的福音派教會誕生就像看到一片饑荒之地開了一家新餐館一樣興奮。

那麼專注於大使命的教會該如何做呢？我想提出五個戰略步驟——本章將論述前四個步驟，下一章將討論第五個步驟。

培養門訓文化

首先，專注於大使命的教會將在其成員中培養一種門徒訓練的文化，這有助於每一位成員承擔起幫助其他信徒在信心中成長的責任。保羅說，牧師裝備聖徒各盡其職（參見弗 4:11-12），這意味着每一位聖徒都要參與服事。憑愛心說誠實話，身體漸漸增長，在愛中建立自己（參見弗 4:15-16；林前 12、14）。

門徒訓練關乎我自己跟隨耶穌，門訓他人則關乎我幫助其他人跟隨耶穌（參見提後 2:2）。在專注於大使命的教會中，年長的弟兄要門訓年輕的弟兄，年輕的姊妹要效法年長的姊妹。舉個例子，假如你是位單身姊妹，你可以幫忙為教會裡的一位全職媽媽洗衣服，藉機可以向她請教很多問題！如果你是一個教成人主日學的平信徒長老，那你一定要招募一位年輕教師。而你的目標從某種意義上來說，就是訓練他，並把教學工作交給他。然後你就可以開設另一個班，繼續培訓其他的年輕老師。

專注於大使命的教會因着耶穌下達的「去」的命令而對地理位置很敏感。對於留在本教會的信徒而言，「去」可能意味着搬到離教會和小組成員更近的地方，以便週間服事他人。你住在哪裡呢？在你租公寓或購買房屋的地方，你能否幫助你的教會培養一種門訓文化呢？

對於一個掛名的基督徒來說，專注於大使命的教會應該不會讓他感到舒服，甚至對他會成為一種挑戰。如果你僅僅是為了在主日履行一下宗教義務，那麼當你像客人似地出現在這樣的教會裡，你不會喜歡上她。你也許會受到大家的歡迎，但你和這些成員不是一路人。他們會奉獻一生跟隨耶穌，還承諾幫助彼此跟隨耶穌。這樣的委身和隨之而來的行動是其文化的一部分：有導向性的問題、有意義的交談、禱告以及不斷提醒人想起福音。

若想深入瞭解這一主題，請參閱高爾文（Robert Coleman）的《佈道大計》（*Master Plan of Evangelism*）、科林·馬休（Colin Marshall）與東尼·潘恩（Tony Payne）合著的《枝與架》（*The Trellis and the Vine*）或者拙作《門徒訓練》（*Discipling*）等書。

培養福音佈道的文化

第二，專注於大使命的教會要培養福音佈道的文化。一方面，教會成員知道每週一次的聚會都在宣講福音，因此他們樂於邀請非基督徒朋友參加聚會。透過唱詩、禱告和講道，福音就得到了傳揚。

你是否有信心認為，你帶到教會的任何非基督徒朋友都能聽到福音？如果沒有，你該怎麼做呢？

另一方面，專注於大使命的教會要訓練成員進行福音佈道，因為他們整週在教會外接觸到的非基督徒比起週日在教會見到的要多得多。因此，「成功」的福音佈道不僅僅是要將你的非基督徒朋友帶到教會，讓他們聽到福音，更是在教會外與你的非基督徒鄰舍和朋友分享福音。

因此，教會要致力於裝備成員進行福音佈道，讓他們知道如何與他人分享福音。我自己的教會有專門的成人主日課程來做這件事。我還嘗試在講道中示範如何與非基督徒打交道，尤其是與非基督徒交流的方式。我們會提供一些傳福音的工具或資源來裝備成員，比如《人生二路》（*Two Ways to Live*）、《信仰釋義》（*Christianity Explained*）或《生命歷奇》（*Christianity Explored*）。我們給成員分發了很多紀格睿（Greg Gilbert）寫的《耶穌是誰》（*Who Is Jesus?*），讓他們送給他們的非基督徒朋友。我們還在主日晚上的聚會中分享有關傳福音的機會。聽到其他成員傳福音的經歷並為此禱告，可以激勵每個人有更強的意願去傳揚這個好消息。

大使命對你而言意味着什麼呢？它意味着耶穌已呼召你去使人作門徒。他呼召你既要傳福音給不信的人，也要門訓信徒。你應當身體力行參與其中，無論是在家裡、在工作中、在鄰里、在朋友中。你應當在教會中做這些工作、也應當透過教會來做。

因此，讓你同教會的肢體來幫助你吧！邀請一位長老共進午餐，並徵詢他的建議。在你的小組分享並為此禱告。走出去同你的朋友一起傳福音。

想深入瞭解這一主題，請參閱史麥克（Mack Stiles）的任一本著作，特別是其中的《福音佈道：整個教會如何傳講耶穌》（*Evangelism: How the Whole Church Speaks of Jesus*）或者是拙作《福音信息與個人佈道》（*The Gospel and Personal Evangelism*）。

透過宣教將福音傳到未得之地

第三，專注於大使命的教會要努力透過宣教將福音傳到未得之地。宣教與在本地福音佈道和植堂有什麼不同呢？其實，當我們跨種族和文化、通常也跨越國界宣教時，就是在進行所謂的傳福音佈道和植堂。

耶穌命令我們「去使萬民作門徒」。對於這個主題，我沒有論述太多，因為有太多的書都講得很好。然而，很難理解一個教會讀了這條命令卻不願努力將福音傳給未曾聽過的國家。

沒有哪個教會可以兼顧全世界所有的地方。因此，我認為教會將自己的宣教工作集中在少數幾個地方是明智的。比如，我的教會就集中在所謂「10/40 之窗」的那幾個國家，也就是東半球赤道以北 10 度到 40 度之間的地帶，這是全世界基督徒人口比例最低的地方。

如果你是我們教會的一員，並表達出對宣教的意願，若你前往我們已經投資的宣教地點，我們會在你身後為你提供大量的資源。我們根本不可能資助一百個人去一百個不同的地方。因此，我們更傾向於支持少數宣教士，從而使人平均得到的資源更多，而不是支持大量宣教士但每人分到的資源很少。這樣一來，我們的宣教士就可以少花些時間募款，而把更多的時間用在植堂上。此外，這也有助於我們與宣教士建立關係，並提供督責。

我們教會會直接與宣教士合作，也會透過一些宣教組織開展工作，比如美南浸信會國際宣教委員會（Southern Baptist Convention's International Mission Board）。此外，我們還會與機會夥伴（Access Partners）這類了不起的團隊合作，他們協助將商務人士安置全球的戰略要地從事商業活動，以便後者能資助當地的長期宣教士。

作為一個基督徒，在幫助教會將福音傳到那些未得之地的過程中，你應當扮演什麼角色？當然，首先你應該為教會的宣教士們禱告。在他們休假回國的時候，你可以多去了解他們的生活。也許你可以考慮參與短宣，以便支持那些長期宣教士。你可以讀一些宣教士的傳記。你還可以考慮自己走出去。我們將在幾章以後探討這個問題。

最後，為將福音傳到未得之地，你和你的教會還可以做一件事：在你所在城市裡尋找外國人。我的教會在努力接觸外國留學生，那在你的城市裡住着哪些國際人群呢？如果你在自己家鄉找到他們並把福音傳給他們，那麼他們很可能也會把福音帶回自己的家鄉。

想深入瞭解這個主題，可參閱約翰·派博（John Piper）所著的《願萬國都歡樂》（*Let the Nations Be Glad*）。

努力堅固其他教會

教會通常都有宣教的預算項。我認為還應該增設「培育健康教會」的預算項。努力堅固其他教會是專注於大使命的教會的第四種做法。

我的教會用這筆預算來支持很多事工，比如我們的教牧實習生計畫。我們每年付薪給十二個人到我們這裡實習。他們當中的大多數人最終會擔任教牧人員或同工去服事其他教會。

我們也用這筆預算來支持九標誌（9Marks）事工，這一事工致力於建造健康的教會。

我們專門組織教會同工接受訓練，然後差派出去。我們期望，牧師助理們在我們教會服事兩到三年後離開教會，助理牧師則在我們教會服事三至五年後離開。只有我和副牧師（連同其他不受薪的牧師或長老）可以長期留在教會。其他人員都接受我們的裝備，然後差派出去。

我們教會也資助一些周末研討會，讓來自世界各地的牧師可以參加我們定期舉行的會議、專門的講座及問答。出於同樣的目的，每週我還會與其他來自世界各地的牧師進行電話交流。每一次這樣的對話都讓我有機會為世界各地的健康教會禱告和做工。

我們透過植堂和教會復興來堅固其他教會，這其中大部分的工作都是在本地區完成的，這是下一章要討論的主題（也就是說，第九章的內容是本節內容的延伸）。同時，我們也在世界各地進行植堂和教會復興的工作。比如說，我們差派了一位叫約翰的弟兄前往位於阿聯酋杜拜的一個教會，當時他們已經花了數十年時間尋找牧師。神以大能的方式使用約翰復興了那間國際教會。他們的一位主要的長老叫麥克是我的老朋友，也是他幫忙把約翰介紹到那裡。等約翰和麥克一起把教會帶到一個健康的狀況後，麥克和另一個弟兄戴夫離開教會，在30分鐘車程外的地方建了另一個教會。我們還差派了一位前牧師助理和一位前實習生前去協助麥克和戴夫的事工。與此同時，我們又差派了一位前實習生去阿聯酋的另一座城市參與植堂。

目前在這個穆斯林國家，我們已經建了三間健康教會，但這一切都不是出自我們的宏偉計畫。事實上，無論是第一個教會的復興，還是另外兩次植堂，都不是我們主動發起的。

我們所做的只有禱告、援助，並盡可能地提供經濟資助和人員支持。順便說一下，我們的一些成員已經將自己的工作遷往阿聯酋，以協助這些教會的事工。看到神的國在那片陌生的土地上擴張而產生的純粹喜悅，是我們教會的所有收穫。

以上很多的例子都集中在我作為牧師的服事上。但是，假設你是一名普通的教會成員，你該做些什麼能在本地和世界各地幫助堅固其他教會呢？顯然，你可以自己為他們的事工禱告，也可以在晚餐時與家人一同禱告。你還可以在經濟上資助他們。

當然，批評其他教會時你要非常小心。是的，你的教會有一些做法或次要教義可能與其他教會的相左；是的，對這些分歧我們各自都有深思熟慮的理由。我不是要你對那些分歧視而不見。但請記住，你的教會與其他教會之間的那些在次要教義上的分歧，絕不能跟我們共同的福音相提並論。因此，當你批評時要警惕，要盡力享受福音夥伴關係中的喜樂(參見《路加福音》11 章 49 至 50 節中耶穌對過於狹隘的門徒的警告)。

最後，你要認識到，你要麼親自「去」宣教，要麼差遣他人「去」宣教。這個事實非常重要，我們將在第九章專門探討這個問題。但首先，讓我們在第八章繼續探討如何幫助其他教會，尤其是你所在地區的教會。

第八章

專注於大使命的教會還有另一種做法

我經常對我的教會説，我們只是希望人們得到屬靈的牧養，但他們不一定非要在我們教會接受牧養。在我們的城市裡，有好多地方他們都可以去。我們只是希望能減少這地上靈性饑渴的現象。

因此，專注於大使命的教會會觀察自己所在的地區，看是否有其他教會需要幫助。也許那些教會正在經歷艱難。也許他們在其教導或實踐中已經開始歪曲福音。不論情況如何，我們都應該希望看到他們因基督的緣故重獲新生。一個不健康的教會在社區中很可能聲譽不佳，羞辱了基督的名。專注於大使命的教會則希望幫助那個教會恢復良好的聲譽。她不是簡單地想要在那個教會旁邊植個堂而已，她還試圖修補上一代不負責任的基督徒留下的爛攤子。

也許你所在的城市裡有個社區或一個偏遠郊區還沒有傳講福音的教會，可能需要從零開始建立教會。那麼你的教會能做些什麼呢？

推進福音在本地的傳播

在上一章，我們討論了專注於大使命的教會的四種做法。我把第五種做法單獨留到這一章來講，並不是因為它比前四種更重要，而是因為福音派教會很少談及它。專注於大使命的教會要推進福音在本地的傳播。

我非常感謝神在過去二十年間在我所在的城市華盛頓特區所成就的工作。20 多年前我來到國會山的時候，沒有幾個健康的、傳福音的教會是我能推薦給別人的。今天，僅國會山周邊就有六個教會我可以推薦，在整個華盛頓哥倫比亞特區就更多了。我們把這些「姊妹教會」的信息列在我們的網站上，還印制成卡片掛在我們教會門口。如果有人不喜歡我們教會，或者嫌路途太遠，希望人們可以去我們推薦的其他教會。

沒錯，各教會之間在某些事情上有分歧，但我們傳講的是同一個福音。我們很高興地看到，神以他的恩典和良善將他的愛澆灌在國會山周邊和華盛頓哥倫比亞特區。我們步入了福音的豐年。還有什麼需要做的嗎？肯定有，但是我們感謝神從過去到如今一直在做事。

神終將得勝。哪怕你我的教會關門了，你也不必懷疑這一點。保羅說：「神的道卻不被捆綁。」（提後 2:9）記住，保羅說這句話的時候正被關在監裡。也許是他的一些朋友對福音的進展感到灰心，因此保羅回覆他們說：「不要擔心。神的道不會被捆綁。它將暢行無阻，哪怕在監牢裡也不例外。」

看看過去二十年間基督教信仰在尼泊爾的發展。在這個信奉印度教的國家，基督教是非法的。當局對基督徒的迫害一度很嚴重，很多基督徒都被關進了監獄。但是猜猜看發生了什麼：那些基督徒開始在監獄裡傳福音。監獄系統成了基督徒向國人傳福音的途徑！在神子民的歷史上，這樣的故事一次又一次地上演著。神的道暢行無阻。

我們不應輕看自己的教會，而要想方設法在我們的城市裡（包括在其他教會）中推進福音的傳播。

植堂和教會復興

為了推進福音在本地區的傳播，我們採取的主要方法是復興沒落的教會和建立新的教會。

復興之路可能困難重重。教會的衰落是有原因的，而且可能很多原因依然出自教會成員！這就特別需要有一個人能進駐教會並帶領她走向健康，而教會也要隨時準備好接受幫助。

這類教會已經不止一次地發現自己面臨這樣的抉擇：要麼把聚會場所的房契和鑰匙交給某個宗派實體或接受合併

成為其他教會的一個堂點，要麼接受我們的幫助：「我們會向你們差派一些教會成員和一位牧師，再為牧師發兩年的薪水，這樣你們教會的名字和聚會場所都能保留下來。我們不求任何回報，這些都是你們的。」他們不知道的是，我們一直在訓練這位牧師，使他完全專注於福音、解經式講道、愛羊群們、帶領羊群走向健康。我們管這叫秘密行動。

有時候，我們還會差派弟兄和教會成員到我們大城市郊區的教會去，這樣一來當地居民就不必開車跑那麼遠的路來我們這了。有時候，沒落的教會因為距離人們的家門更近，更能派上用場。為了傳福音的緣故，我們會盡可能利用任何機會。

同時，我們希望在自己所在的地區植堂。最近，我們差派了五十名教會成員隨同三位長老前往華盛頓特區一個較窮困的社區。在植堂前的六個月中，帶頭的長老安泰博（Thabiti）在講台上講了六次道。這樣一來，來教會的人們就可以瞭解到，安泰博的解經式講道值得信賴，從而受到激勵樂意跟隨他。目前，他們聚會的地方還是一所學校，他們還在尋找更長久的聚會場所。我們也將盡我們所能幫助他們。我估計，未來幾年內我們將向他們差派更多的教會成員。

無論是復興現有教會還是建立新教會，我們做這一切的目的都是希望看到有許多獨立的福音見證者遍佈整個華盛頓特區，能離人們居住的地方更近。我們希望基督徒能更容易地將個人生活和教會連繫起來，這就回到上一章我們討論的培養門訓文化。

禱告、事工團契、核心課程等

為推進福音在本地的傳播，我們還做了很多其他的事情。每週我們都會在主要聚會點為其他教會提名禱告。我們還以多種方式與那些教會合作傳福音，比如在商業社區進行午餐會談。我們還會邀請其他教會的牧師來參加我們的禱告會，分享他們教會的代禱事項。

我創立了一個叫做哥倫比亞浸信會牧師團契的組織，將本地的美南浸信會牧師召集起來。每個月的第一個星期二，我們都有團契聚會，互相勸勉、一起禱告。聽到城裡其他教會的福音事工是多麼叫人得力量、得激勵啊！

在過去的幾年裡，幾位年輕的植堂者出現在華盛頓特區向我們求助。我們也樂於盡我們所能幫助他們。如果有人贏得了我們的信任，我們甚至會在他想休息的時候差派講道者和成員過去幫忙。我們希望，本地的眾多其他教會能把我們看作是他們的資源。我們對他們幾乎一無所求，卻願意為他們付出充充足足的愛心和關懷。

很多人離開我們的教會，是因為他們在華盛頓只是短期居住。當年我搬來這裡的時候就知道，愛這裡的會眾就像擁抱遊行隊伍中的人群一樣。從情感上來說，這並不容易。但這也給了我們一個極佳的機會，可以試着把這種短暫的時光利用起來。例如，我們將傳統的成人主日學計畫轉變成為期13週、專題導向的「核心課程」。我們問自己，假設有一個人只能在這裡生活兩到四年，那麼我們要在他或她的背包裡放哪些東西來指導其基督徒的生活呢？應該包括哪些基本的訓練內容呢？為此，我們開設的課程包括信仰根基、簡短的傳福音課程、較長的傳福音課程、聖經概論、教會歷史、系統神學、聖經神學、如何讀經、如何靈修、認識神的引導、戀愛與婚姻、為人父母、理財、不懼怕人、護教學、基督徒與政府、男女角色等等。透過這些方法，我們既堅固了成員自己，也裝備他們，使其能在接下來的教會中發揮作用。

如果有人用自己的方法已經學完了全部的課程，我們就鼓勵這個人找到另一個基督徒並且門訓他。

你該如何選擇？

同樣，上面的一些例子都是我作為牧師所做的工作。但聖經教導我們說，教會全體成員最終都應該以教會的福音事工為己任。這意味着你要幫助你的教會抓住推進福音傳播的異象。

一個非常實際的問題是，你是要留在目前的教會，還是參與植堂，還是復興原有教會，甚至是移居海外？對於這個問題你應該如何考慮？很多基督徒是根據對他們的教育、就業或家庭狀況是否有利來決定是否遷居。他們甚至根據天氣、通勤時間、生活方式、愛好和樂趣來做決定。

如果你就是這樣的人，那麼我想向你發起挑戰：在你人生的各種決定上服從於耶穌關於大使命的命令。用你的整個生命——用你擁有的一切——去使人作門徒、教訓人遵守耶穌吩咐的一切命令。在做這類重大人生決定的時候，如果可以的話，你應該先選定一個教會聚會，然後再解決就業、家庭、上學等其他問題。

你是一名正考慮上哪所大學的高中生嗎？那麼先列出國內六個不錯的教會。然後再問自己這些教會所在的城市裡有哪些大學。

你是商人嗎？你的公司在海外有辦事處嗎？在你的公司設有辦事處的城市裡，你知道有哪些教會或宣教工作需要你的幫助嗎？你能為此申請工作調動嗎？

你退休了嗎？你將如何度過你的退休生活？在哪裡度過？

大使命思維會改變你對人生重大決定的看法。對此，我們將在下一章繼續討論。

第九章

是去是留？

初代教會的門徒去完成大使命了，但他們並非總在重複離開 - 走出去的過程。

有時，年輕的基督徒聽到「去」的命令時，會把它當成基督徒生活的基本命令。這是一種相當膚淺的看法。一旦你去了之後，就得留在當地。如果你總是不停地走出去，那麼除了積累更多的飛行里程外，你什麼也做不成。為了讓「**去**」變得有意義，你得「**留下**」很長一段時間——幾個星期、幾年，也可能是餘生。

每個基督徒都要面對這樣的問題：我是否應該作為教會植堂小組的一員而搬去一個人們沒聽過福音的地方？**或者**我是否應該加入建堂或者幫助復興附近教會的小組？**或者**我是否應該留在目前的教會敬拜、門訓、傳福音，同時支持其他人走出去？

這三個選擇都很好。如何選擇取決於你的身分以及神對你的呼召。

十二個考慮因素

當你決定是留守在目前的教會還是前往另一個地方教會或國際教會時，我建議你考慮以下十二個因素：

一、你搬離的目的。如果你正在考慮離開，那麼你離開的目的是不是很大程度上是消極的——你是因為不喜歡目前教會的一些事情而離開的嗎？還是你離開的目的很大程度上是積極的——到其他地方開展福音事工？如果你要走出去，一定要有積極的理由。此外，你不應該因為「成熟」的基督徒會做什麼而有負罪感或錯誤理念離開。消極的目的、錯位的負罪感和錯誤的理想，無法支持你應對建堂或復興其他教會的挑戰。

二、事工的神學和理念。你考慮加入的教會或植堂小組是否相信神的話語並提供正確的教導呢？對於福音和教會的本質，他們的理解是否合乎聖經？

三、福音佈道。你要去的教會是否容許你把非基督徒朋友帶來，從而讓他們聽到福音並看到會眾忠心地活出福音？（顯然，在復興教會這類項目中也許不能這樣做，至少剛開始的時候不能。）

四、屬靈的牧養。作為基督徒，你想要有成長，這沒錯。因此，你應該努力尋找一個能幫助你在屬靈上成長的教會。你在目前的教會靈裡興旺嗎？你認為到了別的教會你還會一樣興旺嗎？離開會對你或其他人造成屬靈的傷害嗎？想想飛機上的空服人員是如何告訴你的。他們會讓你自己先戴好面具，再幫你的同伴戴好。同樣，你也應該先關心自己的屬靈健康。在幫助別人之前，你自己要先有屬靈的呼吸和成長。

教會裡有三類不同的人群：不快樂的人、過得不錯的人以及快速成長的人。一般來說，不快樂的人不應該加入植堂或復興小組。現在，坦白說，作為一個牧師，我面臨的**試探**就是將這類人差派出去！但這麼做並不明智。如果你對目前的教會不滿意，那麼你最好還是待在那些瞭解你的人中間，他們可以幫助你找出導致你不快樂的原因。否則你可能會將你的不快樂帶到需要你幫助的新教會裡。

如果你屬於第三類人——你目前成長得非常迅速——你可能也想在目前的教會多待一段時間。因為你正在成長，所以不想停下你正在做的事！如果這種成長已經持續了一段時間，你也許可以找一位長老談談，一起把去留的事想清楚。

最適合參與植堂或復興計畫的人往往是中間那類人。這畢竟是教會裡的大部分人。如果你屬於這類人，說明你做得還不錯。你在成長，但很緩慢，沒什麼特別之處。你很穩定，會對新的事工很有幫助，而這份事工甚至可能會給你帶來一點點衝擊！

五、教會事工的戰略性質。這是不是一項你願意為她傾注心力的重要事工？並且你也覺得自己能做到？神是否賜了你一個戰略性的職業機會，使你能夠支持某個教會，尤其是海外教會？那裡有沒有一個你想要傳福音的群體？

六、你在目前教會的事工。鑒於神已經賜給你事工，如果某個具體的事工離不開你，那麼你要謹慎考慮離開的問題。如果你已將教導和門訓的技巧運用自如，那麼到了新建的教會中也許更能遊刃有餘。如果你擅長快速建立人際關係，那麼在新教會中也能做得不錯。如果你建立關係要花很長時間，那麼在搬家前你要三思。假如在目前的教會裡，你並不是事奉的「淨輸出者」——福音佈道、門徒訓練、勸勉人，那麼沒有理由相信你到了另一個教會能做這些。

七、你想要專門支持某位牧師。也許你和某位弟兄或他的家人私交不錯。也許你發現自己在他的教導下有顯著的成長。這些都是你前去支持他工作的好理由。而對於那個教會的領袖和其他人來說，你也將帶給他們莫大的鼓勵！

八、地理位置。你目前的居住地離教會的聚會點和大部分成員的居住地有多遠？這是否便於你定期聚會、參與志願者服事並且更多地融入其他成員的生活？你居住的地方對於你在鄰居或同事中傳福音有何影響？如果你住得很遠，你是否會被委任在居住地附近建立或推進一個良好的事工？如果你住得離現在的教會很近，我可能會勸你不要參與植堂項目，除非你願意搬到新項目所在地。

九、人生階段。你的人生階段是一個合理的考慮因素。你是單身嗎？你是想找一位在神學和實踐上與你對基督徒生活的理解一致的配偶嗎？如果你是一位父親，那麼未來的教會是否有利於你門訓妻子和孩子們？

十、你的財務狀況。再強調一次，你要考慮能否負擔目前的生活狀況或將來可能出現的任何狀況，這是完全合理的。你付得起房租嗎？你負擔得起孩子的教育經費嗎？你負擔得起其他生活開支嗎？保羅指出：「誰不照顧自己的親屬，尤其是不照顧自己的家人，就是違背真道，比不信的人還壞。」（提前 5:8，當代譯本）另一方面，你是否考慮過，你真的需要你認為自己需要的一切嗎？做這樣的判斷時要謹慎。

十一、你與他人的關係狀況。你應該在你的人際關係良好時離開一個地方，而不是糟糕的時候離開。你不應為了逃避處理棘手的人際關係問題而離開。

十二、禱告。你認為神是希望你去別的教會還是留在目前的教會？在基督裡我們是自由的。擺在我們面前的往往不止一個好的選擇。感謝神賜予我們這樣的自由。

有些人該走出去，有些人該留下來

搬家可能開銷不菲，但這並不意味着你不應該走出去。對那些聽從耶穌的命令走出去的聖徒們，他們大多都付出了巨大的代價。除非你住在耶路撒冷，否則你應該讚美神，因為有人肯付代價把福音帶到你的國家、你的城市、你的家裡，引導你歸信！

本章的重點是在說你們中間的一些人應該離開自己現在的教會嗎？算是吧。有些人應該去幫助那些在困境中掙扎的教會，有些人應該去植堂，有些人應該去海外宣教，還有些人應該留在教會中。

當然，人總得留在某個特定的教會才能讓教會維持下去。任何教會都離不開一致的領導層、門訓和長久的友誼。但事實上，留在我們自己的文化裡往往是件反文化的事，尤其是對年輕一代的人來說。鑒於現代城市生活的特點就是職業或教育的種種變化，因此對於有些人來說，最激進的做法是在一個地方待上數十年。

無論你在做什麼，都不要貿然做出這類決定。不要獨自做決定，要先禱告尋求，同了解你的朋友交流，並至少同一位了解你的長老交流。

第十章

大使命的宏偉目標

大使命的宏偉目標就是在教會中榮耀神。

如果說耶穌是那不可見之神的形像，那麼今天的我們如何才能看見耶穌？我們敬拜耶穌不是透過有形的偶像或形像。我們沒聽說過耶穌教門徒畫畫、素描或雕刻。我們有聖徒們所寫的書，但他們沒有為我們製作可供崇拜的形像。

相反，耶穌藉着所傳的道創造了一群屬他的子民。在教會裡，我們看到了神的屬性帶來了可見的祝福。在教會裡，我們看到了神是什麼樣子的。我們知道，我們終將得見他的面（參見約壹 3:1-3；啟 22:4）。但眼下，萬國都要在地方教會裡見證神良善與慈愛的榮耀顯現，並讚美他。

基督把自己與地方教會連繫起來。教會是基督的身體，基督是教會的頭。他的大能應當顯現在我們的教會中，而教會應當反映出他包羅萬象的智慧。教會應當讓人看見福音。因此，建立教會是耶穌傳揚福音的計畫。教會是耶穌行使天國權柄的地方。

地方教會就是使人作門徒的地方，也是門徒奉聖父、聖子、聖靈的名受洗的地方。正是在地方教會，基督徒被教導要遵守基督所吩咐的一切命令。為了這些榮耀的結局，基督應許將他的聖靈和權柄賜給我們，直到他再來。

植堂是地方教會的常規事工，因為大使命通常是透過植堂來完成的。我為你們禱告，願你將自己的生命奉獻給植堂，也願你的教會致力於植堂的事工。

經文索引

www.ingramcontent.com/pod-product-compliance
Lightning Source LLC
Chambersburg PA
CBHW071116120626
46546CB00003B/1357
* 9 7 8 1 9 5 8 7 0 8 2 9 3 *